DET STARTER MED TAK

Opdag genvejene der løfter din vibration

DET STARTER MED TAK

Opdag genvejene der løfter din vibration

© 2020 Bettina Møller Jensen
Udgivet første gang i december 2018

Omslag: Petya Petkova / www.petkomotiv.dk
Foto af Bettina Møller Jensen på omslaget:
Calin Strajescu:
www.instagram.com/calin.photography
Redaktørhjælp: Rikkemaiah Fischer
Korrektur: Thomas Rambusch

Forlag: BoD – Books on Demand, København,
Danmark.
Fremstilling: BoD - Books on Demand GmbH -
Norderstedt, Tyskland.

2. udgave
ISBN: 978-87-7188-2124

www.bettinamollerjensen.dk
Focus & Flow – Skolen for konkret anvendelse af
Loven om Tiltrækning v. Bettina Møller Jensen

Af samme forfatter

Visionboard – Sådan gør du dine drømme til virkelighed

365 kærlige kindheste fra Loven om Tiltrækning

Sådan ændrer du dine vibrationer på 100 dage

10 fortryllende fortællinger fra Loven om Tiltrækning

Taknemmelighed med Loven om Tiltrækning

Årlig manifestationskalender

Til alle Mirakelmagere

og

Hverdagsalkymister

INDHOLD

HVORFOR DENNE LILLE BOG OM TAKNEMMELIGHED?

For et par år siden sammensatte jeg et selvstudie i form af et e-kursus. Titlen var: *"Det starter med Tak – Lær de 7 genveje, der løfter din vibration"*. E-kurset blev udviklet da jeg ofte stødte på mennesker, der syntes det var svært at holde vibrationerne og energien på rette kurs og i den høje og positive ende af skalaen. Kurset blev voldsomt populært fordi redskaberne var lette at bruge, og derfor fik kursisterne meget hurtigt resultater.

Denne bog er en videreudvikling af e-kurset. Den er skabt som en daglig følgesvend du kan tage med dig overalt, så du altid har den ved hånden. Du kan slå op i den og finde værktøjer, der kan hjælpe dig med at løfte din energi og dermed din vibration.

Så hvorfor al den snak om taknemmelighed? Jeg blev selv for alvor opmærksom på styrken og kraften i taknemmelighed for år tilbage, hvor jeg havde fornøjelsen af at læse bogen *"Taknemmelighedens gave"* af John Kralik.

Bogen var havnet hos mig ved et tilfælde og havde ligget på bogreolen en rum tid og stirret på mig. Ferietiden kom, og bogen var en af dem, jeg pakkede med i kufferten på rejsen til Italien. På 2

dage slugte jeg bogen, mens jeg sad på verandaen i den varme, tørre italienske sommerluft og lyttede til cikadernes utrættelige baggrundskor.
Budskabet i bogen var simpelt: **Sig tak**.

Disse enkle små ord blev omdrejningspunktet for mig i de kommende år og sendte mig ud på en rejse i taknemmelighedens kunst.

Denne bog er resultatet af min videreudvikling af begrebet taknemmelighed – med andre ord, så er det:

Taknemmelighed sat på formel

I mit arbejde med blandt andet Loven om Tiltrækning er jeg igen og igen blevet bekræftet i værdien af, at have skabeloner, opskrifter og formler til det, vi ønsker at ændre. Jo mere konkrete og lavpraktiske redskaberne er, desto lettere og mere ukompliceret bliver det for dig, at anvende principperne i din dagligdag og i dit liv, og dermed også lettere at opnå de ønskede forandringer. Værktøjerne i denne bog er simple og lette for dig at implementere i din dagligdag, og du vil hurtigt få resultater – forudsat at du bruger bogen, laver øvelserne og slipper kontrollen og din opfattelse af, hvad der er muligt og umuligt. Giv slip – giv dig hen, og opdag, hvordan miraklerne begynder at tage form for øjnene af dig.

Lad eventyret begynde.

Kærligst

Bettina

Sådan bruger du denne bog

Som med alle øvrige forandringer, du ønsker at skabe i din tilværelse, så starter al forandring med en beslutning om at ville noget andet. Dette princip gælder også her. Når du laver øvelserne og praktiserer taknemmelighed som en daglig rutine, ja så virker det, og du får resultater. Ligger denne lille bog på bogreolen og samler støv, ja så får du også resultater – du får blot nogle andre. Den første del af bogen har fokus på konkrete aktiviteter, der øger din egen vibration samt din forståelse og opfattelse af taknemmelighed. Den anden del af bogen har fokus på aktiviteter, der retter din taknemmelighed udad. Alle principper, øvelser og redskaber tjener et formål og kan benyttes hver dag. Du vælger selv, hvor meget arbejde du vil lægge i bogen, men uanset hvad du vælger, så kan du være sikker på, at:

Indsatsen er lig med resultatet.

Løbende i bogen finder du øvelser, som du selv kan arbejde med. Forud for selve øvelsen finder du et eksempel, som viser dig, hvordan du skal gå til opgaven. Til sidst i bogen finder du en tjekliste, hvor du kan krydse af, når du har gennemført en opgave.

God fornøjelse!

SÆT INTENTIONEN FOR DIN DAG

Din start på dagen er afgørende for, hvordan din dag rent faktisk kommer til at gå, og hvordan den udfolder sig. Om morgenen, lige når du vågner, er din vibration mest modtagelig for, at du guider den i den retning, du ønsker. Udnyt den mulighed for at designe din dag, som du ønsker, den skal udfolde sig. Allerede når du går i seng aftenen før, kan du sætte intentionen for, hvordan du ønsker, at den pågældende dag skal forløbe. Med andre ord: Planlæg hvordan din dag, dine opgaver og projekter skal folde sig ud.

Hvordan ønsker du, resultatet af dine aktiviteter skal være?

Når du har sat intentionen, vil det være langt lettere for dig at komme i mål med forandringen dagen efter.

Sådan gør du:

Du kan gennemgå din kommende dag i tankerne, eller du kan skrive din intention ned. Du kan f.eks. bruge min arbejdsbog: *Sådan ændrer du dine vibrationer på 100 dage*, eller du kan købe en notesbog.

ØVELSE

SÆT INTENTIONEN

Eksempel:

Disse gøremål har jeg i dag:

Møde med min chef kl. 11.00

Kundemøde kl. 14.00

Middagsaftale med min søster kl. 18.00

Sådan ønsker jeg, at de skal forløbe:

At min chef og jeg får lavet aftaler som vi begge er tilfreds med.

At kundemødet slutter positivt og ender med en god aftale

At middagen hos min søster forløber i en god og kærlig stemning for alle parter

SÆT INTENTIONEN

Udfyld selv:

Disse gøremål har jeg i dag:

Sådan ønsker jeg at de skal forløbe:

Dit mindset er vigtigt

Træn dig selv i at vågne op med bevidstheden om, at i dag bliver en god dag. Fortæl dig selv at der i dag kommer til at ske noget fuldstændig uventet fantastisk. Bare tanken om, at du hele dagen skal være på udkig og holde øje med alt, hvad der kommer til dig, ændrer dit fokus. I det øjeblik du forventer, at der vil ske noget fantastisk, så er du forventningsfuld og spændt. Det øger din vibration.

Når du ændrer dit fokus, ændrer du din virkelighed. Tænk på en hel ny dag, der ligger for fødderne af dig. 24 timer, der venter på at folde sig ud. Hvor mange fuldstændig fantastiske ting kan der ske på 24 timer? Eller på 12 timer? Eller på 4 timer? Eller på bare 1 time? Uanset hvad du opfatter som fantastisk – om det er fest og farver, eller om det er ro, tryghed og kærlighed så hold dit fokus på forventningens glæde.

I mange år, før jeg overhovedet var stødt på Loven om Tiltrækning, brugte jeg selv denne teknik. Hver morgen når jeg mødte på mit arbejde, sagde jeg naturligvis godmorgen til mine medarbejdere, men jeg gjorde en ting mere: Jeg sagde nemlig altid "Kan I mærke det? Det bliver en fantastisk dag! " Og ved du hvad? Det gjorde det.

Så øv dig i at forvente at det selvfølgelig bliver en god dag. Dagens indhold kendes alligevel først, når solen er gået ned. Når du vælger at være nysgerrig og forventningsfuld, så vil du gradvist træne dig selv og dit mindset til at være på udkig efter muligheder. Hver dag er fyldt med muligheder og små puf i den rigtige retning, når blot vi vælger at se dem.

ØVELSE

MIT MINDSET

Eksempel:

Jeg glæder mig til dagen i dag og er forventningsfuld, når jeg tænker på alle de fantastiske ting, der kommer til at ske.

ØVELSE

MIT MINDSET

Udfyld selv:

TRO PÅ MIRAKLER

Vær mirakeldetektiv i dit eget liv. Øv dig i at lægge mærke til miraklerne omkring dig og på din vej. Er du uvant i rollen som mirakelmager i dit eget liv? Så start blot med at sætte dig godt til rette, og slap så af i kroppen. Lad åndedrættet falde til ro. Lad så dine tanker fører dig tilbage til alle de mirakler der er sket i dit liv gennem tiden. Hav pen og papir parat. Skriv alt det ned der kommer til dig.

Har du svært ved at komme i tanke om mirakler, der er sket i dit eget liv, så prøv i stedet at finde eksempler på mirakler der er sket for dem du kender. Jo flere eksempler på mirakler du finder, jo mere vil du begynde at tro på dem. Du kan have behov for at gå til og fra over et par dage. Hav blot tillid til, at processen er sat i gang. Du vil opleve, at der vil dukke flere og flere oplevelser frem i din bevidsthed – minder og tanker, der fører dig tilbage til de oplevelser, du har haft i dit liv, der synes som mirakler (husk både de små og de store). Gentag gerne øvelsen flere gange. Og det vil jeg bestemt opfordre dig til. Jo tiere du laver den, desto flere lag får du skrællet af, og jo mere vil du genkalde dig de mirakler, som du er stødt på gennem tiden.

Jo flere mirakler du husker, jo mere vil dit mindset indstille sig på at være opmærksom på mirakler i dit liv og på din vej. Her er et eksempel jeg oplevede engang i mit eget liv, som var ret mirakuløst.

Det var en solrig søndag eftermiddag i maj måned, og jeg var på vej hjem efter en overnatning i Ree Park. I bilen havde jeg 4 trætte 9-årige, som sad og halvsov. GPS'en havde jeg glemt derhjemme. På vejen derover havde jeg blot fulgt efter de andre biler. Børnene halvsov, trafikken gled og i løbet af en times tid ville vi være hjemme igen. Men så skete der noget. Et større vejarbejde var i gang på motorvejen, hvorfor det havde været nødvendigt at lede bilisterne væk og op på landevejen. Da jeg holdte på rampen og ventede på at svinge til venstre, forsvandt bilerne som jeg havde fulgt efter for at finde vej, ud af syne. Jeg var nu alene. Uden GPS. Jeg besluttede mig for, at de øvrige bilister jo nok skulle samme vej og at jeg blot ville følge omkørselsskiltene, men i samme sekund valgte koblingen i bilen at gå i stykker, og jeg turde ikke køre videre. Jeg holdte ind til siden. Bilerne susede forbi i høj fart, eftersom alle fra motorvejen blev ledt denne vej. Jeg anede ikke hvor vi var. Børnene var nu vågnet, og jeg besluttede mig for at få dem i sikkerhed. Til al held havde jeg gule sikkerhedsveste til alle mand, og heldigvis var vi den bil, der havde de overskydende boller og saftevand. Børnene blev placeret på en lille mark, og jeg gik tilbage til bilen for at finde ud af hvor vi var. I det fjerne var der et skilt, men det var for langt væk til at jeg kunne se, hvad der stod. På grund af den voldsomme trafik på stedet turde jeg ikke forlade børnene for at se nærmere på det. Jeg ringede til et par forældre, og en mor tilbød at køre afsted for at hente os. Jeg takkede, men jeg var ude af stand til at fortælle hende, hvor hun kunne finde os. Bilerne susede forbi og ikke en gjorde anstød til at holde ind. Jeg tog mig selv i at tænke, at hvis bare jeg kunne finde ud af hvor vi var, så ville vi kunne få hjælp. Jeg havde dårligt tænkt tanken til ende, før en bil blinkede ind til siden og en herre stod ud.

"Har du brug for hjælp? " – spurgte han. Jeg forklarede ham kort situationen og at det eneste jeg manglede var, at vide hvor vi befandt os.

"Det kan jeg fortælle dig", sagde den venlige mand, "du holder ud for dyrehospitalet". "Hvis du siger det, så kan de finde dig", svarede han mig, som om han kunne læse mine tanker. Jeg takkede ham mange gange, og han kørte afsted igen. Mens jeg stod i grøftekanten og kiggede efter ham, og følte mig meget taknemmelig for hans hjælp, slog det mig, at han ikke blot havde fortsat videre ud ad vejen. Nej, han vendte bilen og kørte tilbage, hvor han kom fra. Jeg ringede op til de øvrige forældre og kunne nu give anvisninger til, hvor de kunne finde os. Minuttet senere nåede moderen frem til os, og alt var godt. Den dag i dag tænker jeg stadig af og til på, hvilket sammentræf det var, at den herre netop skulle komme og hjælpe os. Og endnu mere hvor pudsigt det var, at han vendte om og kørte tilbage, hvor han kom fra. Næsten som om at vi var hans eneste ærinde. Som om det var meningen at han skulle hjælpe os.

Så vær opmærksom på miraklerne i dit liv. De kommer ofte i meget hverdagsagtig og dagligdags forklædninger, så vi helt overser dem.

ØVELSE

MIRAKELJAGT

<u>Eksempel:</u>

Jeg huskede, den gang min kat blev væk, og vi troede alt håb var ude, og alligevel kom den hjem.

Jeg huskede, hvordan jeg fik min lejlighed. Jeg vidste bare, den var min. Jeg stod nr. 34 på listen og fik afslag. Men alle før mig havde sagt nej, så jeg endte med at få den alligevel.

MIRAKELJAGT

Udfyld selv:

Følg sporene

Din opgave er at finde ud af, *hvad* det er du ønsker dig. Herefter tager Loven om Tiltrækning over og sørger for, at varen bliver leveret på adressen. Denne proces sker hele tiden – uanset om din vibration er positiv eller negativ. En vibration er det samme som en følelse eller en fornemmelse. Du udsender en vibration, og Loven om Tiltrækning matcher den og leverer resultatet. Men, men, men ... det er også *din* opgave at holde øje med godbidderne og at følge sporene. Jeg kalder det for godbidder. En godbid er et spor eller et tegn på at du er på rette kurs i forhold til det, du ønsker at tiltrække dig. En godbid kan også være det du ønsker, men pakket helt anderledes ind, end du måske havde forestillet dig, og derfor går mange glip af godbidder og nye muligheder.

Ønsker du dig for eksempel at tiltrække en ny kæreste, så må du også være villig til at forlade hjemmet og gå ud ad døren. Bliver du siddende i sofaen og ønsker, uden at sætte handling og intention bag, ja, ... så kan du blive siddende der – kæresteløs – og vente i al evighed. Måske viser det sig at popcorns-sælgeren i biografen, som du ved en tilfældighed falder i snak med, lige præcis har verdens sødeste fætter, som lige er blevet single og på alder med dig. Du finder kun ud af, om det er en godbid, såfremt du undersøger den nærmere. Måske er den – måske er den ikke. Det finder du kun ud af, hvis du øver dig i at bevæge dig lidt udenfor din vante sfære. Indsatsen er og bliver lig med resultatet. Fjern skyklapperne, og hold øjne og ører åbne. Vær modig og dristig nok til at turde forfølge sporene. Loven om Tiltrækning leverer kun til dørtærsklen. Det er din opgave at åbne døren og tage imod. Når du skal træne og implementere nyt, bliver din indsats lettere og mere ubesværet, når det du skal træne er konkret. Derfor finder du på de følgende sider øvelser, der kan hjælpe dig.

ØVELSE

PÅ SPORET

Eksempel:

I dag da bussen kørte forbi, lagde jeg mærke til en stor reklame på siden. Den viste en dame og en taleboble, hvori der stod: Sådan fandt jeg mit ønskejob. Da bussen var kørt, så jeg at der på den anden side af gaden, lå en frisørsalon.

Jeg er jo selv uddannet frisør, så måske var det her et tegn på, at jeg skal have mit eget og blive selvstændig, som jeg har tænkt på at gøre mange gange.

ØVELSE

PÅ SPORET

Udfyld selv:

FEST, FARVER OG FEJRING

Slå dig løs, grin, mor dig, hav det sjovt! – og grin endelig af dig selv. Grin og latter frigiver endorfiner (Yes, de der små *"feel good-banditter"*, som gør os høje og glade i låget). Jo mere grin og godt humør du kan få plads til i dit liv, desto hurtigere kan du flytte dine vibrationer opad i den rigtige retning. Et godt grin, der giver dig ondt i maven (på den fede måde), er forløsende og livsbekræftende. Grin er godt. Kniber det med at finde noget at grine af, kan du lade, som om du er forelsket. Den der følelse med sug i maven osv., den er også med til at løfte dine vibrationer. Et andet lille fif er at smile som en flækket træsko i 1 minut med lukkede øjne. Hvis du vil se, hvordan du gør, så kan du gå ind på min YouTube-kanal og finde videoen, hvor jeg viser, hvordan du gør. Videoen hedder: Loven om Tiltrækning: Løft dit humør med en hurtig 60 sekunders øvelse.

Syng af dine lungers fulde kraft. Du vælger selv, om du vil synge foran andre, eller om du vil reservere denne disciplin til alenetid, men syng! At synge er noget af det mest livsbekræftende. Det er dokumenteret, at sang og dans giver glæde. Udover glæden hjælper sang og dans dig også til at få ilt til at cirkulere i kroppen. Jo mere ilt du får rundt i systemet, jo bedre har din krop det.

Sammen med meditation er sang og dans noget af det mest kraftfulde til at ændre din grundstemning. Vælg musik du holder af, og som taler til dig.

Et andet betydeligt element i fest, farver og fejring – er netop fejring. Væn dig til at takke for, og markere, dine succeser ved at fejre dem. Uanset om de er små eller store, så væn dig til at fejre dem. Gør et stort nummer ud af, at du er lykkedes med noget, at du kom i hus med det, du havde besluttet dig for. Frem med pomponerne, og lad champagnepropperne springe. På næste side kan du se et eksempel på et fejringsritual, som du kan lade dig inspirere af, når du skal lave dit eget.

ØVELSE

MIT FEJRINGSRITUAL

Eksempel:

Hver gang jeg oplever den mindste form for succes i mit liv, fejrer jeg det sådan her:

Jeg tager mit tylskørt på og danser rundt i stuen til min yndlingsmusik, mens jeg synger med af mine lungers fulde kraft!

Disse ting gør mig glad:

Danse, synge, være i naturen, at læse en god bog, at sove middagslur, at grine højt til jeg får ondt i maven, at tegne, at strikke, at male...

ØVELSE

MIT FEJRINGSRITUAL

Udfyld selv:

ALENETID

Hvornår har du sidst brugt tid helt alene? Bare tid til dig? Med god samvittighed? Tid til at mærke efter, hvad du egentlig har lyst til? Tid til at lave noget, du godt kan lide, og som gør dig glad? Eller tid til bare at være? Hvis du ligner gennemsnittet, er det formentlig alt for sjældent. Hvis det er tilfældet, er det brandærgerligt fordi alenetid er rigtig vigtig.

Tid til dig, hvor du tillader dig selv at lave det, som DU synes er sjovt. Det, du elsker, det, der gør dig glad, og som giver dig energi. Det der "noget", hvor tid og sted forsvinder. Om det er at hækle grydelapper, løbe en tur, læse om skeletsommerfuglens parringsmønster, stirre ud i luften eller noget helt femte, er uden betydning. Det, der har betydning, er, at du tillader dig selv tid til at gøre noget, som giver dig glæde, og at du gør det med glæde.

Det vil være så fantastisk, hvis du kan sætte 30 minutter af hver dag – bare til dig. Hvis du synes, 30 minutter er en logistisk udfordring, så start med 5 eller 10 minutter. Men gør det helhjertet. Når du har konstateret, at alle omkring dig rent faktisk har overlevet, og at verden gik videre, til trods for at du "nedprioriterede" alt det udenom i forhold til dig selv, så kan du jo eksperimentere med at udvide tiden. Udbyttet af alenetid er, at du lærer at prioritere dig selv og det, der gør dig glad, fremfor altid at træde et skridt til side og vælge dig selv fra. At bekræfte dig selv i, at du er vigtig, og at vænne dig til at prioritere tid til dig selv vil medføre, at du automatisk øger dit selvværd. Du vil blive bedre til at holde fast i dig selv og i dit behov for at gøre ting alene, som føles godt for dig. Når du bruger tid alene, bliver du bedre til at mærke din vibration. Mærke, om noget føles godt eller skidt. Når du bliver bedre til at skelne og til at lytte til dig selv, skærper du også din intuition. Jo bedre *du* har det, jo bedre har din vibration det. Og jo bedre din vibration har det, desto bedre resultater tiltrækker du.

ØVELSE

ALENETID

Eksempel:

Hver dag vil jeg prioritere alenetid. Jeg vil sætte 15 minutter af, hvor jeg slukker min telefon og bruger tid på noget som gør mig glad. Jeg vil værne om mine 15 minutter hver dag og sørge for at sætte tid af til det i min kalender præcis på samme måde, som var det et vigtigt møde jeg skulle til.

ØVELSE

ALENETID

Udfyld selv:

Hvad er gaven?

Træn dig selv i hele tiden at kigge efter "gaverne" i dit liv. Uanset hvad der sker omkring dig og mod dig, så øv dig i at se efter, hvad gaven eller læringen er. Hvad er det gode ved det her? Hvad får jeg mulighed for at lære, så jeg er bedre rustet næste gang? Det handler om dit perspektiv. Andre menneskers gøren og laden ligger udenfor vores kontrol. Det, du kan kontrollere, er din egen reaktion på de ting, du oplever. Du vælger selv din reaktion. Behøver du reagere? Er det nødvendigt? Væn dig til at kigge efter læringen i det, du oplever. Det er dit perspektiv, der bestemmer din oplevelse. Når du ændrer dit perspektiv, ændrer du din vibration. Du kender sikkert udtrykket, at der findes ikke dårligt vejr, kun dårlig påklædning. Princippet her er det samme. Det handler om dit perspektiv.

ØVELSE

HVAD ER GAVEN?

<u>Eksempel:</u>

I dag havde jeg en ubehagelig oplevelse. Jeg blev skældt ud af Pia. Hun var meget vred, og jeg kunne godt se, hun var ophidset. Jeg fandt ikke helt ud af, hvorfor hun var så vred på mig. Jeg tror, det handlede om noget helt andet og faktisk ikke om mig.

Hvad er gaven? Igennem længere tid har jeg været i tvivl om, hvorvidt Pia var en rigtig ven. Det var som om jeg altid havde en fornemmelse af at hun ikke var en rigtig ven, når vi var sammen. Uden at jeg vidste hvorfor.

Hendes reaktion i dag bekræftede mig i at jeg skal lære at lytte til min intuition. Min intuition havde hver gang fortalt mig at der var noget, der ikke var som det skulle være. Og det så jeg i dag. Fremover vil jeg behandle mig selv bedre og lytte til min intuition.

ØVELSE

ALENETID

Udfyld selv:

Brug et anker

Ud over alle de brugbare tiltag, som du allerede har læst om, så kan du også vælge at bruge et såkaldt anker. Et fysisk anker kan have forskellige udformninger. I det følgende får du inspiration til et par af dem, som du kan bruge til at blive mere bevidst om dit fokus og dit perspektiv.

Meditation som anker

Meditation er et oplagt valg til at øge din vibration. Udover, at daglig meditation hjælper dig til at skabe balance i dit indre, og få ro i dine tanker, så har daglig meditation også mange andre gavnlige effekter, så som:

- Færre negative tanker
- Højere tolerancetærskel
- Bedre søvn
- Bedre til blot at være i nuet
- Lavere blodtryk

Er det nyt for dig at meditere, så start med 5 minutter, og øg herefter tiden, i takt med at du føler dig mere tilpas ved at meditere. Kort fortalt handler meditation om, at kunne lade tankerne passere uden at forholde sig til dem. Den gode nyhed er, at alle kan lære at meditere. Du kan for eksempel sætte dig et sted, hvor der er ro. Det er fint at sidde i en stol. Luk øjnene, og træk vejret stille og roligt. Brug dit åndedræt som anker. Når der kommer tanker, så lad dem blot passere forbi som skyer på himlen. Begynder dine tanker at vandre, så flyt dit fokus tilbage til dit åndedræt. Kan du meditere blot 10 minutter hver dag, så er du kommet langt i forhold til at løfte din vibration.

En sten som anker

Udover meditation kan du også bruge en såkaldt taknemmelighedssten. Du finder en lille sten som er rar at røre ved, og som har en passende størrelse til at du let kan have den i lommen. Du kan eventuelt skrive TAK på stenen med en sprittusch. Væn dig til at have stenen med dig i lommen, hvor end du går hen. Når dine fingre kommer i berøring med stenen eller når du kommer i tanke om den, så brug stenen som anker og send et mentalt TAK ud.

Taknemmelighed er og bliver den største nøgle, når du vil åbne op for at få resultater med Loven om Tiltrækning. Når du udviser taknemmelighed, er du med til at vise Loven om Tiltrækning, hvad du godt kan lide og hvad du gerne vil have mere af.

En taknemmelighedskrukke som anker

Du kan også bruge en såkaldt taknemmelighedskrukke som anker. For flere år tilbage lavede jeg en video, som du kan finde på min YouTube-kanal, hvor jeg viser, hvordan du laver og bruger en taknemmelighedskrukke. Du kan bruge et aflagt syltetøjsglas eller en krukke. De ting du er taknemmelige for, skriver du ned på en lap papir. Folder herefter papiret sammen og lægger det sammenfoldede stykke papir i krukken.

Placer din taknemmelighedskrukke et synligt sted. Gerne et sted, hvor du ser på den dagligt. I takt med at de små lapper i krukken vokser, vil du blive mindet om, hvor meget du allerede har i dit liv, som du er taknemmelig for. En ting jeg selv har været glad for at gøre, er jævnligt at læse mine sedler igennem. Jeg husker hvordan jeg næsten syntes det var højtideligt, første gang jeg læste min små sedler igennem. Mit hyggelige kontor var kun oplyst af de stearinlys, jeg havde tændt, og dampen fra den varme, grønne te i min yndlingskop bugtede sig som en gennemsigtig slange til vejrs. Jeg fandt krukken frem, og hældte alle de små, omhyggeligt sammenfoldede lapper ud på bordet. Det var faktisk blevet til en hel del. Men jeg havde også været meget opmærksom på at få skrevet alt ned, som jeg var taknemmelig for, hver gang lejligheden bød sig. Bunken på bordet fik mig til at tænke på Pyramiderne i Ægypten. Mine fingre fandt vej til den første seddel. Jeg foldede den ud. Næste med ærbødighed. Alle sedlerne lignede hinanden, så det var umuligt at vide hvilken en jeg ville få fat i. Jeg holdt vejret, mens jeg forsigtigt foldede den ud.

"Jeg er taknemmelig, for solen der smiler til mig i dag"

stod der på sedlen. Jeg mærkede hvordan varmen bredte sig i min krop, og det føltes som om i hundredvis af sommerfugle fløj rundt i min mave. Jeg blev helt høj, og mine mundvige søgte helt automatisk opad, og mine tænder blev blottet i et stort smil. Det fik mig til at tænke på udtrykket at smile som en flækket træsko. Det måtte uden tvivl være det, jeg var i gang med.

Solen spiller en særlig rolle for mig. I mange år har jeg hver dag haft den udfordring med mig selv, at jeg skulle finde solen når jeg gik udenfor. Uanset hvor overskyet og gråt det har været, så har jeg altid fundet det lillebitte vindue, hvor solens stråler fandt vej til mig. Ind i mellem har jeg tænkt, at solen var som en trofast ven, jeg kunne regne med, og som altid var der, uanset hvordan de øvrige omstændigheder så ud.

Denne lille historie beskriver det meget fine ved en taknemmelighedskrukke. Du får nemlig udbytte af din taknemmelighed flere gange, når du bruger sådan en krukke. Det er i sig selv en dejlig oplevelse, at skrive ned hvad du er taknemmelig for, og når du efterfølgende læser dine sedler igennem, får du faktisk en ekstra tur i taknemmelighedsgyngen. Den næste øvelse, vil hjælpe dig med at træne din evne til at udvise påskønnelse.

ØVELSE I PÅSKØNNELSE

Formålet med øvelsen er:

At træne din evne til at påskønne det, du allerede har i dit liv, fordi:

Alt, hvad du giver fokus, energi og opmærksomhed til, vokser.

Beskrivelse af øvelsen:

Når du er taknemmelig for det, du allerede har, vil du helt automatisk i kraft af din vibration tiltrække mere at være taknemmelig for. Jo bedre det bliver, jo bedre bliver det. Desto mere du vænner dig til at påskønne det, du allerede har, desto mere vil din vibration komme på linje med følelsen af det. Påskønnelse, værdsættelse og taknemmelighed ligger i den høje ende af vibrationsskalaen. Når du arbejder med påskønnelse, værdsættelse og taknemmelighed, vil din vibration være fokuseret omkring disse følelser. Jo længere tid dine vibrationer er centreret omkring disse følelser, desto længere tid har Loven om Tiltrækning til at matche din vibration og give dig resultater, der matcher din vibration. Når du øver dig i at praktisere denne proces, og når du øver dig i at lægge mærke til ting, du godt kan lide, så øver du dig samtidig i at mindske modstanden og tvivlen i dig selv. Jo mindre modstand og tvivl du har, desto lettere bliver det for dig dels at lytte til din egen indre stemme, men også at modtage det, du ønsker dig. Jo gladere du er – jo bedre du føler dig tilpas – jo højere vibration. Jo højere vibration – jo bedre resultater.

Sådan gør du:

Du skal bruge: pen, papir og god tid. Sid i et rum, det kan f.eks. være din stue. Lad øjnene glide rundt i stuen, og lad blikket dvæle ved alle ting, du møder på din vej. Brug et par minutter til virkelig at mærke de ting, du betragter. Skriv herefter hver ting ned på papiret i en kolonne. (Jeps, du læste rigtigt – alle ting) – på samme måde som skulle du lave en opgørelse over dit indbo til forsikringsselskabet. Når du har noteret alle tingene ned, gennemgår du en ting ad gangen, og skriver ud for den ting, hvad præcis det er ved denne ting, du påskønner, og hvordan denne ting bringer værdi ind i dit liv. Du husker nok, at alt det, du retter dit fokus, din energi og din opmærksomhed mod, bliver det, du tiltrækker. Det, du har fokus på, vokser. Når du således påskønner det, du allerede har i dit liv, så tiltrækker du mere til dit liv, som du kan påskønne.

ØVELSE

VÆRDSÆTTELSE

Eksempel:

Ting	Derfor kan jeg godt lide dig
Min sofa	_Dejlig at sidde i_
Min vase	_Minder mig om min mormor_
Min plante	_Så flot og grøn_
Mine bøger	_Giver mig god viden_

ØVELSE

VÆRDSÆTTELSE

Udfyld selv:

Ting	Derfor kan jeg godt lide dig

VÆRDSÆTTELSE AF DIG SELV

Hvad med dig selv? Husker du at sætte pris på dig selv og på den du er? Eller bruger du mere tid på det modsatte?

Mange af os er bedre til at sætte pris på andre mennesker, end vi er til at sætte pris på os selv. Det er ærgerligt, fordi det faktisk er rigtig vigtigt at have et godt forhold til sig selv, når du arbejder med Loven om Tiltrækning. Når du er glad for dig selv og den du er, påvirker det din vibration. Jo højere og mere positiv din vibration er, jo bedre resultater tiltrækker du. Derfor er det en god ide også at bruge tid på at værdsætte dig selv. Og det handler den næste øvelse om.

På samme måde som du i det foregående afsnit øvede dig i at værdsætte ting omkring dig, på samme måde får du nu mulighed for at afprøve teknikken i forhold til dig selv.

På næste side finder du et tilsvarende skema, som du kan bruge – ikke om vaser, krukker og blomster – men derimod om dig.

Hvad er det bedste ved at være dig?

ØVELSE

VÆRDSÆTTELSE AF MIG SELV

Eksempel:

Ting	Det sætter jeg pris på hos mig selv
Mit grin	Mit grin gør mig og andre glade
Mine tæer	Jeg har nydelige tæer, som er pæne i sandaler
Musikalitet	Jeg har let ved at ramme en tone rigtig, når jeg synger

ØVELSE

VÆRDSÆTTELSE AF MIG SELV

Udfyld selv:

Ting	Det sætter jeg pris på hos mig selv

POSITIVE PÅVIRKNINGER AF ANDRE

Du har nu arbejdet med din egen vibration med det formål at løfte den. Nu er det tid til at give det videre. Hvis du er en af dem, der har fulgt mig i længere tid enten i nyhedsbrevet, i Facebookgruppen eller på anden vis, så ved du også allerede nu, at vi alle har vores egen frie vilje, og at vi kun styrer og kontrollerer vores egen vibration. Det er umuligt for os at ændre andre mennesker eller at tiltrække noget på vegne af andre. Men der er alligevel nogle få tips, du kan bruge til at muliggøre en bedre vibrationsmæssig tilstand for dine medmennesker.

Måske er du en af dem, der har set filmen *"Pay it forward – Giv det videre"*. Det korte plot i filmen er en skoleelev, der får en opgave, som lyder på at gøre verden til et bedre sted. Drengen beslutter at gøre noget godt for 3 andre i håbet om, at de vil lade det gå videre og gøre noget godt for yderligere 3 mennesker hver og så fremdeles. Og på dette princip, at lade venlighed forplante sig i verden som ringe i vandet, bygger de næste øvelser. På de næste sider finder du inspiration til handlinger, du kan gøre for andre mennesker hver dag. Handlinger, som med sikkerhed vil medføre en positiv forandring både for dig selv og for andre.

SMIL

Jeps, præcis – *"Bare gi' mig et smil"* – ligesom
Wafande synger. Gør det. Smil til dem, du møder
på din vej. Måske er det lige præcis dit smil, der
gør, at deres dag bliver lettere, bedre og gladere,
og måske er dit smil præcis det, der gør, at dem, du
smiler til, smiler videre.

Det starter med en dråbe i havet. Smil.

Dengang jeg selv var syg med stress, gik jeg 5
kilometer hver evig eneste dag i 1½ år. Hver dag.
Uanset hvordan vejret var, så var jeg ude at gå. Jeg
har allerede nævnt tidligere her i bogen, hvordan
jeg holdt øje med solen og kørte en lille
konkurrence med mig selv om, at jeg skulle finde
solen mellem skyerne og den grå himmel. Når jeg
fandt den, så var det et bevis til mig på, at det ville
blive en god dag. Jeg gjorde en ting mere, som
ændrede mine vibrationer markant. Jeg begyndte
nemlig at hilse på dem, jeg mødte på min vej. I
starten smilede jeg venligt, og nikkede, senere hen
udvidede jeg proceduren til også at omfatte et
regulært godmorgen eller hej.

For mig var det, på det tidspunkt,
grænseoverskridende bare sådan uden videre at
tale til vildt fremmede mennesker, som jeg ikke
kendte. Men jeg besluttede mig for at gøre det

alligevel. Resultaterne var bemærkelsesværdige. Når jeg kom andre i møde med et smil og et godmorgen, som med tiden også blev udvidet til at kommentere vejrets aktuelle tilstand, så smilte andre tilbage til mig og gengældte mit godmorgen. Den dag i dag, når jeg færdes i området hvor jeg bor, møder jeg stadig mennesker som jeg genkender fra den gang. Og det sjove er; de genkender også mig. Til dato har jeg heldigvis stadig til gode at hilse på et menneske som ikke hilser tilbage. Det er aldrig sket.

Al forandring starter i os selv og vi sætter selv standarden for, hvordan det skal være. Så smil endelig til dem, du møder på din vej. For jo bedre det bliver, jo bedre bliver det.

VÆR VENLIG

På samme måde som ovenfor, så hils da også bare på dem, du møder, når du starter din dag. Sig godmorgen eller goddag, hvis du møder folk på gaden, i bussen eller på vej ind ad døren til bageren. En enkel lille handling, som er gratis for dig, men betyder så meget for dem, der modtager det. Måske er du det eneste menneske, de taler med hele dagen.

GIV EN KOMPLIMENT

Sig noget pænt til andre. Når du gør noget godt for andre, som at give dem en kompliment, så påvirker det i høj grad også din egen vibration. Helt automatisk vil du komme til at føle dig som et godt menneske, et menneske med overskud. Et menneske, der har så meget overskud, at du kan give bare en lille smule til andre. Prøv engang at tænke over, hvordan du selv ville reagere, hvis andre mennesker, som du måske endda slet ikke kender, siger noget pænt til dig, eller giver dig en kompliment?

GØR EN GOD GERNING

Ja, vel lyder det banalt og i ægte spejderstil, men gør det – hjælp en ældre dame over gaden, eller hold døren – rejs dig i bussen, så en med større behov kan få sædet. Tag en kop kaffe med til din kollega, når du alligevel henter til dig selv. Ros en kollega til chefen osv. osv. – fortsæt selv listen. Det er så uendelig lidt, der skal til for at ændre din egen vibration og også for at påvirke andre positivt.

For et par år siden var jeg i et badeland med min familie. Vi var netop på vej fra det klor-emmende badeland til omklædningsrummet, da en høj vedvarende tone pludselig lød. Det varede et øjeblik før det gik op for mig, at det rent faktisk var en alarm. Rundt omkring mig kunne jeg se livreddere og andre medarbejdere, der var optagede af at tale og lytte i deres walkie-talkie. Det var tydeligt at noget var på spil. Jeg henvendte mig til en ung pige i en iskiosk, og spurgte, hvad der var galt. Hun svarede mig nervøst, at alarmen var gået, og at badelandet skulle tømmes for gæster, så vi skulle gå ud. Jeg skyndte mig at få samling på mine tropper og satte kurs mod omklædningsrummet. Det var kaotisk. Selvom de fleste forsøgte at bevare roen, var det tydeligt at panikken bredte sig mellem badegæsterne. Hvad er der sket? Er nogen druknet? Brænder det? Hvordan kommer vi ud? Hvad med vores ting?

Min datter og jeg fandt vej til omklædningsrummet og besluttede at badet måtte vente til en anden god gang. Hvis der vitterligt var noget galt så skulle vi ud i en fart. Der var proppet med mennesker. Luften var støjtung af stemmer. Nogle stemmer var rolige. Andre var en anelse i falset. Midt i al tumulten hørte jeg pludselig et barn der græd hjerteskærende. En lille pige på ca. 5 år stod midt på gulvet. Stadig i sin badedragt. Våd, dryppende og kold. I al opstandelsen var hun blevet skilt fra sin mor. Jeg satte mig på hug og spurgte hvad hun hed, og hvor gammel hun var. Hun fortalte at hun hed Nanna og at hun var 5 år. Hun rystede af kulde. Hun fik min datters lange uldcardigan om sig, og et stort håndklæde. Jeg lovede hende, at vi nok skulle hjælpe hende med at finde sin mor, og at hun kunne blive sammen med os indtil vi gjorde. Gråden var nu gået over i en stille hulken. Vi kom ud af omklædningsrummet. Det viste sig at al tumulten i badelandet skyldtes falsk alarm. Nogen var kommet til at aktivere en brandalarm. Pludselig lyste den lille piges ansigt op. 2 meter fra os stod hendes storebror på 10 år. Og med det samme stoppede hendes tårer. Jeg talte med drengen og fik fat i en livredder, og bad ham om at hjælpe med at efterlyse moderen til de 2. Den lille lod til at være vældig tilfreds blot ved gensynet af sin bror. Jeg bad hende beholde håndklædet så hun ikke kom til at fryse yderligere. Og vi sagde farvel.

Pludselig mærkede jeg et par små arme om mig, og der stod den lille pige igen. "Tak" sagde hun mens

hun gav mig et kram. "Her er dit håndklæde".
Broderen kom til og fortalte at de nu havde
kontakt med deres far, som var på vej for at hente
dem. Den lille kiggede på mig med store blå øjne
og hendes mund trak sig op ad i et stort smil, mens
hun havde et fast greb i sin brors hånd. Jeg sank en
klump i halsen, mens jeg så dem gå hånd i hånd, og
jeg vidste at jeg havde gjort en forskel.

UDVID DIN TAKNEMMELIGHED

På de foregående sider har du fået en bunke
genveje, som du kan bruge til at løfte din vibration.
Du kan bruge genvejene lige så meget du ønsker.
Ja, faktisk er det sådan at jo mere du bruger dem,
jo hurtigere vil du opleve effekten, så du kan
sagtens nøjes med dem og stadig få udbytte. Vil du
gøre lidt mere ud af det, og sætte ekstra fut i
vibrationerne, så vil jeg anbefale dig at læse videre i
bogen her.

En af de ting, jeg selv har afprøvet og som jeg ved
virker, er ganske enkelt at sige tak på mere
permanent basis. Og jeg vil opfordre dig til at gøre
det samme. Begynd allerede i dag og fortsæt de
næste 365 dage (du må gerne fortsætte længere).
Hver dag sender du en tak til et menneske, som på
et tidspunkt i dit liv har gjort en forskel. Enten nu
eller tidligere. Det, du siger tak for, kan være alt,
som på et tidspunkt har gavnet dig, gjort dig glad,

hjulpet dig eller på anden vis har bidraget til at gøre en forskel for dig – stort som småt.

Eksempelvis:

Den medarbejder i en butik, som alligevel byttede din vare, til trods for at fristen var overskredet. Damen på posthuset, som gjorde en ekstra indsats for at finde din pakke. Dit barns skolelærer – din badmintontræner – en kollega – din fætter – pizzabuddet – fragtmanden osv.

Uanset hvad det er, så er det vigtigste, at du siger TAK! Du vælger selv, hvordan du vil gøre det. Min erfaring er, at det virker stærkere både for dig selv, men også for modtageren, når du gør det på skrift. Det kan være, at du vil sende et rigtigt håndskrevet brev, en e-mail, en sms – eller endda noget helt fjerde. Det er helt op til dig, men gør det! Du vil blive overrasket over effekten.

På næste side finder du en skabelon, du kan kopiere eller blot lade dig inspirere af.

SKABELON TIL TAKKEBREV

Kære

Jeg skriver til dig for at sige dig tak, fordi du hjalp mig.

Jeg er taknemmelig for din hjælp xx **(beskriv her kort, hvad hjælpen bestod i, og hvilken betydning det fik for dig)**, *det gjorde en forskel for mig.*

Med venlig hilsen

Dit navn

Skab en disciplin med at sende en takkehilsen hver dag i 365 dage – og se så magien og miraklerne begynde at folde sig ud. Du vil blive forbløffet over, hvad du får tilbage, og hvordan dit liv vil begynde at ændre sig.

FIND EN MAKKER

Du ved sikkert allerede, at når du starter på et nyt projekt, så er vedholdenhed som oftest den største udfordring. At bide sig fast – at blive ved – at fortsætte – fortsætte, indtil processen er blevet fuldstændig automatiseret og er blevet til en ny vane. Uanset om det gælder rygestop, motionsvaner, at spise mindre slik om aftenen eller hvad pokker det nu kan være, så er det ens for alle projekter, du gerne vil lykkes med, at du forpligter dig. Jeg vil derfor opfordre dig til, at du finder en makker, du kan alliere dig med. En makker, som kan holde dig op på det, du har forpligtet dig til. Det bedste er selvfølgelig, hvis I begge deltager, så I kan hjælpe hinanden.

"Motivation is what gets you started.

Habit is what keeps you going"

Jim Rohn

Tak fordi du læste med

Formålet med bogen er at være katalysator for dit fokus på kraften i påskønnelse, værdsættelse og taknemmelighed. Alle ændringer, du ønsker at foretage i dit liv, starter ét sted: *i dit mindset!* Hvis du vil have et andet resultat, må du gøre noget andet end det, du tidligere har gjort. Gør du det samme, som du altid har gjort, får du også, hvad du altid har fået. Din handling skaber din forvandling. At sætte fokus på påskønnelse, værdsættelse og taknemmelighed er et godt sted at starte. Det er gratis, det giver glæde til både dig selv og andre – og det, du får tilbage, er uden sammenligning. Det er unødvendigt at pakke tasken som til fitness, du kan træne dine påskønnelses- og taknemmelighedsmuskler hele tiden – 24/7 – i alle sammenhænge – på alle tidspunkter. Det kræver blot en enkelt ting: At du starter! Det har du gjort nu – du er i gang.

Kærlig hilsen

Bettina

PS: Husk at være på udkig efter godbidderne … De er overalt.

HOLD STYR PÅ ØVELSERNE – SÆT X

ØVELSER	√
Sæt intentionen	
Mit mindset	
Mirakeljagt	
På sporet	
Mit fejringsritual	
Alenetid	
Hvad er gaven?	
Brug et anker	
Værdsættelse	
Værdsættelse af mig selv	
365 dage med tak	
Jeg har fundet en makker	

Om Bettina Møller Jensen

Bettina Møller Jensen er ekspert i Loven om Tiltrækning og visionboards.

Oprindeligt er Bettina uddannet cand.ling.merc. i engelsk, med bestalling som Tolk & Translatør, og arbejdede i en lang årrække i den finansielle sektor, blandt andet som leder. Via coaching, undervisning og træning bruger Bettina i dag sine kompetencer, til at hjælpe mennesker med at opnå mere frihed, handlekraft og glæde i livet, ved at mestre Loven om Tiltrækning. Bettina ved hvad hun taler om, når det kommer til Loven om Tiltrækning og er førende indenfor sit felt.

Som den eneste i Danmark er Bettina: Certified Law of Attraction Facilitator, og hun er kendt for at gøre Loven om Tiltrækning konkret og let at forstå, og går under tilnavnet: "The Danish LOA Queen"

På hjemmesiden finder du mere information om Loven om Tiltrækning, samt workshops og kurser.

Ønsker du daglig inspiration er du også meget velkommen i grupperne på Facebook, så du kan holde dig i kontakt med Loven om Tiltrækning, eller du kan følge Bettina på Instagram.

Du kan se alle ressourcer på næste side.

RESSOURCER

www.bettinamollerjensen.dk

www.instagram.com/bettina.moeller.jensen

YouTube kanal: Bettina Møller Jensen

www.pinterest.dk/focusandflow

Facebook grupper:

Loven om Tiltrækning – the Law of Attraction v/Bettina Møller Jensen

Taknemmelighed med Loven om Tiltrækning og Bettina Møller Jensen

EGNE NOTER: